Die Liebe ist
verrückt

Für ....

von ....

....

Die Liebe ist verrückt

Texte von
Isabella Schneider
zu den Bildern
von Anselm Spring

PATTLOCH

Sag, wie konnte mir das geschehen?
Weiß ich doch selbst nicht mehr,
wie dies alles vor sich ging.
Gestern noch war meine Welt
in Ordnung, und heute bin ich
durch eine Tür getreten, hinter der
alles Neuland ist, und ich wage
taumelnd meine ersten Schritte
auf ungewohntem Gelände.

EXIT

Eigentlich waren es gar keine Schritte,
vielmehr war es ein Sprung ins kalte Wasser
des Unbekannten, an dessen Ende
ich vor allem von mir selbst überrascht wurde,
beim Eintauchen in eine Welt,
in der alle Schwerkraft kopf stand.

Splash

Etwas zog mich
wie magnetisch an
und mit sich fort,
wie hätte ich mich
wehren sollen?
Die Frage, ob es
nicht vernünftiger sei,
mit beiden Beinen
auf dem Boden
zu stehen, wirbelte
an mir vorbei
und löste sich auf
in einer Kaskade
von Lachen und Licht:
Erdanziehung ist nicht
die stärkste Kraft.

Unerwartet war es aufgebrochen
inmitten des gleichtönig Gewohnten,
hatte mit einem Paukenschlag
einen völlig neuen Klang
in meine Alltagsmelodie gebracht,
und doch war es erst der Auftakt
für eine Musik unter ganz
neuem Vorzeichen:
das Feuerwerk in der Mitte
meines Nachthimmels,
mit dem nicht einmal die Sterne
gerechnet hätten.

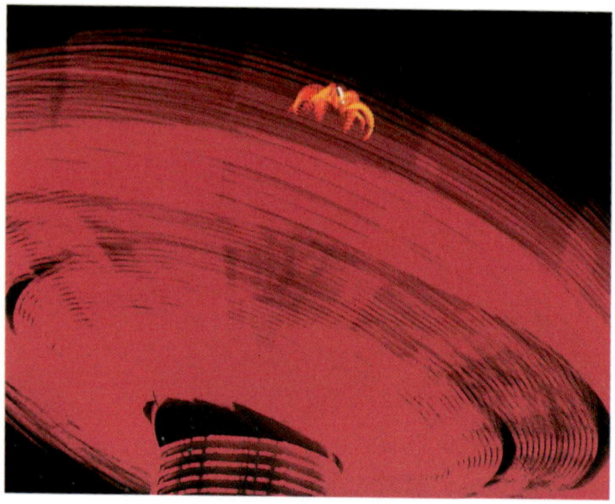

Eine Begegnung wie viele,
und doch wie keine andere.
Denn übergesprungen ist
der Funke im Augen-blick.
Aus zwei fremden Augen
leuchtete mir Wiedererkennen,
setzte mein Denken in Brand,
steckte lodernd die
höchsten Träume und
tiefsten Hoffnungen an.
Und im Treffpunkt
unserer Augen fiel sacht
ein Schauer von Sternschnuppen.

Im Brennpunkt
unserer Augen
verschwamm alles
bisher so Wichtige
ins Unbedeutende
und wies gleichzeitig
den Weg zu einer
völlig neuen Sichtweise.

Mit einem Mal
war alles so ver-rückt,
wie fortgerückt
von seinem
mir gewohnten Platz
und sah mich
fragend an.
Aber ich hatte
keine Antwort,
denn ich stand selbst
um Schattenbreite
neben mir
und erkannte mich
kaum selbst mehr.
Warum hatte ich
trotzdem das Gefühl,
als hätte mir
endlich jemand die
schon längst
viel zu verschmutzten
Brillengläser geputzt?

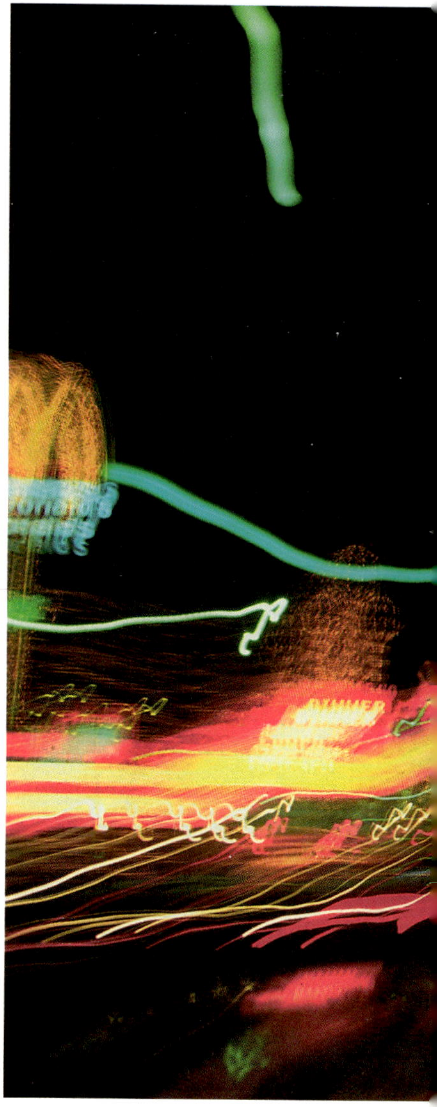

Im Blick, der mich getroffen hatte,
lag die Eintrittskarte für eine Welt
aus Licht und Farben,
bunt und schillernd und so
überaus verlockend.
Es war die Freikarte
für eine Entdeckungsreise
ins Ungewisse, und ich fragte mich,
wie in aller Welt sie gerade
an mich geraten war...

ELDORADO

Klein ist mir
die Welt geworden,
in der ich sicher
siedelte am Rande
der Wüste,
in einer Oase mit
ertragreichen Gärten
und Wasserquellen.
Klein ist sie geworden,
seitdem der Wind
das betörende
Flüstern der Ferne
zu mir trägt und
mir die Geschichten
erzählt von den
Karawanenstraßen
der Sehnsucht.

Ungebremst ist mein Wunsch, auszubrechen,
aufzubrechen in die fremde Weite.
Jetzt erst spüre ich in mir die Kraft des Abenteurermutes,
die mich jeden Tag entdecken läßt
wie ein unbekanntes Land voll ungeahnter Möglichkeiten.
Wer weiß, vielleicht liegt irgendwo verborgen für mich
zwischen den Kalenderblättern der Stein der Weisen.
Vielleicht finde ich am Ende überall den Blick
in den Spiegel zweier Augen, der mich meint.

Eigentlich war ich immer ganz
zufrieden gewesen mit dem gleichmäßig
dahinziehenden Fluß, der sich durch
meine Tage wand, der einfach dahinfloß
ohne besondere Überraschungen,
ohne aufregende Wirbel, aber auch ohne
gefährliche Stromschnellen.
So vertraut waren mir beide Seiten des Ufers,
vertraut wie alte Bekannte.
Jetzt blickt mich auch dies an,
mit fragenden Augen und wie neu geboren:
Hatten diese Farben immer schon
so tief von innen heraus geleuchtet?
Lag da nicht ein Glanz auf allem,
den ich noch nie wahrgenommen?

Seitdem entdecke ich immer wieder,
wie auch die Wege des Alltäglichen
gesäumt sind vom Wunderbaren,
wie an den Straßen, die ich so oft
im Dunkeln allein ging,
Laternen blühen mit einem warmen
Lächeln, nur für mich.

Auch die Sprache ist für mich wieder
ein Farbkasten geworden, ein Reich voll bunter,
unerschöpflicher Möglichkeiten, und ich male
in ganz neuem Stil an meinem Lebenswerk.
Ich treibe es bunt und überziehe sogar
die angestaubten, blassen Wörter mit einem
Farbtupfer voll schillernder Bedeutungen.

Das Leben ist mit einem Mal
in ein Märchen verwandelt
und hat mich wachgeküßt aus meiner
Dornröschenschläfrigkeit.
Alles kann ich nun sein:
die wunderschöne Prinzessin
und der tapfere Ritter,
Zauberer und Elfenkönigin.
Und meine gute Fee hat mir
drei Wünsche und ein Happy-End
in die Hand versprochen.

Vorbei sind die Zeiten der Ängstlichkeit,
in denen ich bei jedem Tun schon
nach den Folgen schielte!
Ich habe mich aufs Drahtseil gewagt
und spiele Haschmich mit dem Wind.
Er ist schnell, aber einholen wird er mich nicht.
Ich fühle mich unverwundbar und bin mir sicher,
daß es bei diesem Spiel für mich nur
unendlich viel zu gewinnen gibt.

Lady Luck
casino
PARK
ABSOLUTELY
FREE

Ich pflücke das Glück von den Wiesen,
das nicht mehr länger Verstecken mit mir spielt,
sondern dasteht in voller Blüte,
als hätte es gerade nur auf mich gewartet.
Und es ist viel mehr, als ich mit leeren Händen
und vollem Herzen tragen kann.

Eine Kraft ist in mir wie ein Lauffeuer,
das gar nicht anders kann, als sich zu verbreiten,
unaufhaltsam, unausweichlich, das selbst
die Grenzen meines Heute frißt mit feurigem Atem.
Im Tanz der Glut will ich mich verströmen,
aus mir selbst mich drehen und mitfeiern das Fest
der Flammen.

Abheben möchte ich,
so randvoll schwer
an Glück und doch
gleichzeitig so leicht
und unbeschwert
wie eine Seifenblase.
Bevor ich zerplatze,
werde ich beide Arme
weit ausbreiten für
die Flügel des Windes,
die mich tragen jenseits
aller Schwerkraft.
Mein großer Flug hat
grünes Licht, denn
selbst die Vernunft
hat ihren erhobenen
Zeigefinger wieder
eingezogen.

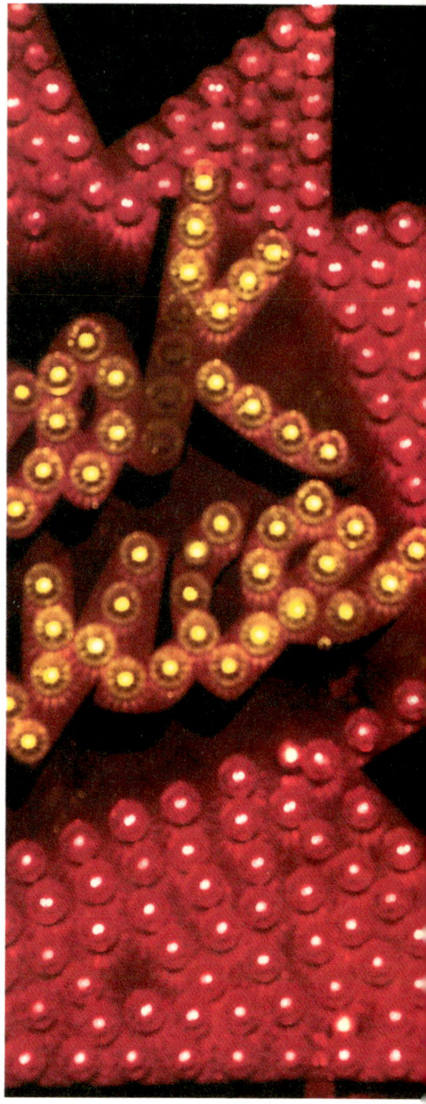

Über mir ist nur noch der Himmel
und sein blaues Versprechen.
Wie ein Luftballon male ich
meine Farbenfreude hinein
und steige höher und höher,
mit beiden Beinen fest in der Luft
der Sonne entgegen,
doch fürchte ich weder ihre Glut
noch die Kälte des Alls.

Sands
ANITA MANNS
SWING, SWING, SWING

Ich bin aufgebrochen,
habe mich zurückgelassen
und bin doch dabei,
mich ganz neu zu finden.
Der Mittelpunkt meines Lebens
hat sich verschoben,
mich mir selbst ver-rückt.
Und obwohl der Alltag
auf und ab geschleudert wird,
auf der Karussellfahrt meiner Tage,
ist doch in allem
ein stilles Leuchten,
das durchdringend spricht,
noch in die Nacht hinein.

Und woher der Blick, der mich
bis ins Herz getroffen hatte,
mit scharfem Pfeil?
Den Schwelbrand meiner Sehnsucht,
wer hatte ihn im Blick zweier Augen
so lichterloh angesteckt?

Der Blick,
der mich mir selbst verrückte,
der mich aufbrechen ließ
in die Ferne des Niegeglaubten
und mich ankommen ließ
in der Nähe des Immerschonbekannten,
der mich ausbrechen hieß
aus den zu eng gewordenen Kreisen
der Alltagsoberfläche
und gleichzeitig hieß einzutauchen
in die unbekannten Tiefen darunter,
der Blick,
der mich die kleinen Verrücktheiten lehrte
auf der Rückseite des Gewöhnlichen,
ist es nicht der Deine,
Liebe?

PARADISE

Dieses Buch ist Teil einer Sammlung.
In gleicher Ausstattung sind bisher erschienen:

Johanna Schreiner/Anselm Spring, Die Liebe ist leidenschaftlich
ISBN 3-629-00706-6
Angela Römelt/Anselm Spring, Die Liebe ist göttlich
ISBN 3-629-00707-4
Johanna Schreiner/Anselm Spring, Die Liebe ist ein Fest
ISBN 3-629-00708-2
Angela Römelt/Anselm Spring, Die Liebe ist Vertrauen
ISBN 3-629-00710-4
Isabella Schneider/Anselm Spring, Die Liebe ist geheimnisvoll
ISBN 3-629-00711-2
Angela Römelt/Anselm Spring, Die Liebe ist Hoffnung
ISBN 3-629-00712-0
Isabella Schneider/Anselm Spring, Die Liebe ist unendlich
ISBN 3-629-00713-9

Die Deutsche Bibliothek – CIP-Einheitsaufnahme

Schneider, Isabella:
Die Liebe ist verrückt / Texte von Isabella Schneider zu den Bildern von Anselm Spring. - Augsburg: Pattloch 1996
ISBN 3-629-00709-0

Pattloch Verlag, Augsburg

Produktion: Ulrich Ruf, Freiburg
Einbandgestaltung: Steinkämper/Lohmann, Igling
Reproduktion: Koppenhöfer, Mundelfingen
Gedruckt auf chlorfrei gebleichtem Papier.
Druck und Bindung: Appl, Wemding
Printed in Germany

ISBN 3-629-00709-0